¿De dónde viene?

De la arena al vidrio

por Avery Toolen

Bullfrog
en español

Ideas para padres y maestros

Bullfrog Books permite a los niños practicar la lectura de textos informativos desde el nivel principiante. Las repeticiones, palabras conocidas y descripciones en las imágenes ayudan a los lectores principiantes.

Antes de leer

- Hablen acerca de las fotografías. ¿Qué representan para ellos?

- Consulten juntos el glosario de las fotografías. Lean las palabras y hablen de ellas.

Durante la lectura

- Hojeen el libro y observen las fotografías. Deje que el niño haga preguntas. Muestre las descripciones en las imágenes.

- Léale el libro al niño o deje que él o ella lo lea independientemente.

Después de leer

- Anime al niño para que piense más. Pregúntele: Nosotros vemos y usamos vidrio todos los días. ¿Cuáles son algunas maneras en que tú usas vidrio?

Bullfrog Books are published by Jump!
5357 Penn Avenue South
Minneapolis, MN 55419
www.jumplibrary.com

Library of Congress Cataloging-in-Publication Data

Names: Toolen, Avery, author.
Title: De la arena al vidrio / por Avery Toolen.
Other titles: From sand to glass. Spanish
Description: Minneapolis: Jump!, Inc., [2022]
Series: ¿De dónde viene?
Translation of: From sand to glass.
Audience: Ages 5–8 | Audience: Grades K–1
Identifiers: LCCN 2021004116 (print)
LCCN 2021004117 (ebook)
ISBN 9781636901534 (hardcover)
ISBN 9781636901541 (paperback)
ISBN 9781636901558 (ebook)
Subjects: LCSH: Glass manufacture—Juvenile literature. | Sand, Glass—Juvenile literature.
Classification: LCC TP857.3 .T6618 2022 (print)
LCC TP857.3 (ebook) | DDC 666/.1—dc23

Editor: Eliza Leahy
Designer: Michelle Sonnek
Translator: Annette Granat

Photo Credits: Shutterstock, cover; Johannes Kornelius/Shutterstock, 1; SchubPhoto/Shutterstock, 3; Pixel-Shot/Shutterstock, 4; BanksPhotos/iStock, 5; nenets/Shutterstock, 6–7, 22tl, 23bl; Morsa Images/Getty, 8–9, 23tr; Svetlana Lazarenka/Shutterstock, 10–11, 22tr, 23tl; DiyanaDimitrova/iStock, 12, 22mr, 23br; donatas1205/Shutterstock, 13; Alba_alioth/Shutterstock, 14–15, 22br; Bloomberg/Getty, 16–17, 22bl; kzww/Shutterstock, 18; Ukrolenochka/Shutterstock, 19; upslim/Shutterstock, 20–21, 22ml; naskami/Shutterstock, 24.

Printed in the United States of America at Corporate Graphics in North Mankato, Minnesota.

Tabla de contenido

Calentar y dar forma 4

De la fábrica al hogar 22

Glosario de fotografías 23

Índice 24

Para aprender más 24

Calentar y dar forma

Sara toma sorbos de una botella de vidrio. ¿De dónde viene esta?

¡De la arena!

arena

La arena va
a una fábrica.

Se le añaden
los materiales.

fábrica

horno

Un horno la calienta.

Se convierte en líquido.

Se corta en gotas.

Estas caen dentro
de tubos.

vidrio
líquido

Van en moldes.

Estos le dan forma al vidrio.

molde

12

El vidrio se endurece.

13

Las llamas
calientan el vidrio.

¿Por qué?

Si se enfría
demasiado
rápidamente,
se puede rajar.

El vidrio se examina
para buscar rajaduras.

¡Ya está listo!

Se usa de diferentes maneras.
¿Cómo?

Las botellas contienen bebidas.

Los frascos contienen comida.

Los bombillos y
las ventanas están
hechos de vidrio.

¡Observa a
tu alrededor!

¿Dónde ves vidrio?

De la fábrica al hogar

¿Cómo se convierte la arena en vidrio que podemos usar?
¡Echa un vistazo!

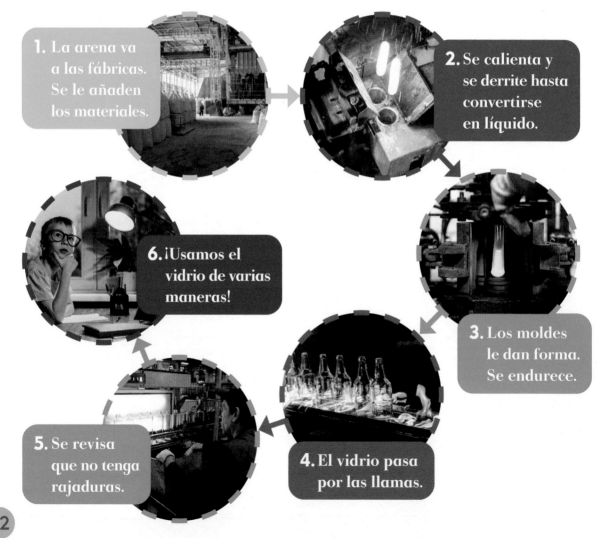

1. La arena va a las fábricas. Se le añaden los materiales.

2. Se calienta y se derrite hasta convertirse en líquido.

3. Los moldes le dan forma. Se endurece.

4. El vidrio pasa por las llamas.

5. Se revisa que no tenga rajaduras.

6. ¡Usamos el vidrio de varias maneras!

Glosario de fotografías

gotas
Partes redondas de
algo suave o húmedo.

horno
Una estructura en
donde se produce calor.

materiales
Sustancias de las cuales
están hechas las cosas.

moldes
Formas huecas en las que
se les da forma a las cosas.

Índice

botella 4, 18

calienta 9, 15

fábrica 6

frascos 19

horno 9

líquido 10

llamas 15

materiales 6

moldes 12

rajar 15, 16

se endurece 13

se enfría 15

Para aprender más

Aprender más es tan fácil como contar de 1 a 3.

❶ Visita www.factsurfer.com

❷ Escribe "delaarenaalvidrio" en la caja de búsqueda.

❸ Elige tu libro para ver una lista de sitios web.